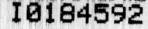

LE SIÉGE
DE DOLE

EN 1668

Relation écrite pour Louis XIV

Par PELISSON

Et publiée d'après le manuscrit de la Bibliothèque nationale

Par A. VAYSSIÈRE

DOLE

BLUZET-GUINIER, LIBRAIRE-ÉDITEUR

—

1873

LE SIÉGE DE DOLE

TIRÉ A 182 EXEMPLAIRES

TOUS NUMÉROTÉS

100 sur papier satiné.
 80   —   vergé de Hollande.
  2   —   de Chine.

N° 10

LE SIÉGE
DE DOLE

EN 1668

Relation écrite pour Louis XIV

Par PELISSON

Et publiée d'après le manuscrit de la Bibliothèque nationale

Par A. VAYSSIÈRE

DOLE

BLUZET-GUINIER, LIBRAIRE-ÉDITEUR

1873

INTRODUCTION

—

CETTE relation du siége et de la prise de Dole a été écrite immédiatement après la conquête de la Franche-Comté, en 1668 : c'est un fragment d'une histoire complète de cette courte campagne. Son auteur, Paul Pélisson - Fontanier, l'un des premiers membres de l'Académie française, avait suivi Louis XIV dans cette expédition, et fut, par conséquent, témoin de la plupart des faits qu'il rapporte. Son récit a été imprimé, en 1729, dans la première partie du septième volume de la *Continuation des Mémoires de littérature et d'histoire*, du P. Desmolets. Il se trouve là, perdu au milieu d'une foule d'autres mémoires en compagnie desquels on ne s'attend nullement à le rencontrer, et, alors même qu'il serait moins rare qu'il l'est en réalité, beaucoup de personnes qui en connaissent l'existence, ne s'aviseraient jamais d'aller le chercher en cet endroit.

Cette raison était plus que suffisante pour nous autoriser à reproduire ce fragment, et l'avantage que nous avions de pouvoir user des manuscrits de Pélisson (1) pour établir un texte authentique, d'un autre côté, nous y engageait encore. Nous avons cru devoir profiter de cette dernière circonstance pour offrir aux amateurs d'histoire franc-comtoise, ce récit dans toute sa pureté primitive.

Cette histoire du premier siége de Dole, par Louis XIV en personne, bien qu'elle soit due à la plume d'un Français et d'un historien à gages du grand roi, nous paraît être pourtant une œuvre suffisamment impartiale, et a paru telle à presque tous ceux qui ont eu occasion de la citer.

(1) Bibl. nat. Ms. 10,333. Ce manuscrit renferme deux copies du récit du siége de Dole.

Dunod, seul, se montre à son égard un peu sévère, trop sévère, il nous semble. « On peut compter, dit-il, sur une partie de ce que Pélisson a vu et appris du roi et des officiers généraux, mais il a été trompé par des gens ennemis de la nation comtoise. Son œuvre n'est qu'une ébauche que l'auteur aurait revue avant de la donner au public. (1) » Pour les faits qu'il rapporte, Pélisson est cependant toujours d'accord avec Chifflet, et Dunod n'aurait certainement pas mis en doute l'impartialité de ce dernier : quant à la rédaction, elle semble parfaitement arrêtée. Ce travail, présenté à Louis XIV, avait valu à son auteur une pension annuelle de 6,000 francs : une semblable gratification ne s'accorde pas à une simple ébauche.

L'auteur nous semble rendre toujours aux Franc-Comtois la justice qu'ils méritent, et si l'on devait le taxer d'exagération, ce serait dans un sens favorable à

(1) Dunod, Mémoires pour servir à l'histoire du Comté de Bourgogne.

nos pères. « Les Franc-Comtois sont si
« fous, dit-il dans une note placée en tête
« de son manuscrit, qu'ils s'imaginent
« que la pluspart de leurs places ont esté
« rendues, et les espagnols, peut-estre,
« pourront prendre à l'avenir le mesme
« tour dans leurs histoires. Il importe
» qu'il y en ait une qui explique nette-
« ment jusques aux moindres ressorts de
« ces évènemens à la vérité surprenans
« et extraordinaires. Je n'ay pas appré-
« hendé de faire valoir la Franche-Comté
« ce qu'elle vaut, car plus on l'estimera,
« plus je prétends que l'action et grande
« et héroïque de l'avoir vaincue si promp-
« tement. »

Tout le plan de l'auteur est exposé dans ces quelques lignes, et il peut se résumer en ces mots : *Faire valoir Louis XIV*. Le seul reproche qu'un franc-comtois peut lui faire, c'est d'avoir négligé la plupart des détails qui intéressent spécialement la Franche-Comté pour ne s'occuper que de la France ; mais on l'excusera sans peine en répondant qu'il écrivait uniquement pour des français. Ces lacunes n'en étaient pas moins regrettables : nous avons essayé de les combler en citant en note de nombreux passages des Mémoires de Jules Chifflet. (1)

L'histoire de cette campagne de 1668, n'est pas à l'honneur de la Franche-Comté, on doit le reconnaître ; d'un autre côté, elle n'a pas mérité au roi de France toute la gloire que ses historiens ont voulu lui donner. Cette guerre, dont chacun connaît l'origine, avait commencé l'année précédente. La Franche-Comté, trop confiante dans des traités de neutralité qui ne la mettaient à couvert qu'autant qu'ils étaient respectés, ou plutôt, qu'elle pouvait les faire respecter, avait vu la campagne de 1667 et les brillants avantages des Français en Flandre sans songer à se mettre elle-même en état de défense. Elle était à l'intérieur d'une faiblesse extrême, et de cette faiblesse voici les principales causes. C'était d'abord la division qui ré-

(1) Mémoires et Documents inédits publiés par l'Académie de Besançon, tt. V et VI.

gnait entre le Parlement et le marquis d'Yenne, gouverneur de la Province; puis l'émulation qui existait entre les principales villes du pays, en particulier entre Dole et Besançon devenu ville espagnole depuis peu d'années; et enfin, les intérêts trop nombreux et trop considérables qu'avaient en France les principales familles de la Province. La noblesse des deux pays avait, en effet, contracté des alliances réciproques; les gentilshommes Franc-Comtois allaient chercher du service dans les armées françaises, et le clergé acceptait volontiers des bénéfices en France.

Un projet, dont la réalisation aurait sans doute présenté au pays certains avantages, avait été tenté sur la fin de l'année 1667. Il avait pour principal auteur le marquis d'Yenne et consistait dans une alliance défensive avec la Suisse, ce qui aurait fait de la Franche-Comté une espèce de grand canton Suisse. Le trop fameux abbé de Watteville avait été chargé des négociations, et elles auraient abouti si elles n'avaient été traversées par le Parlement, qui trouva les conditions posées par les Suisses trop dures, et qui n'était pas fâché, en outre, de trouver cette occasion de faire de l'opposition au Gouverneur. Il entreprit lui-même, pour son compte, des négociations avec le résident français en Suisse, négociations tendant au renouvellement du traité de neutralité. C'était là le moyen habile qu'employait le prince de Condé, à qui était confié le soin de préparer l'expédition projetée contre les Francs-Comtois, pour endormir notre malheureux pays.

Le Parlement donna en plein dans ce piége habilement tendu, et son aveugle confiance dura jusqu'au jour où l'ennemi, prêt à mettre le pied sur notre territoire, n'eut plus de secret à garder. La Franche-Comté comptait donc sur une paix longue et profonde lorsqu'elle apprit, le 26 janvier 1668, que des canons, d'autres armes et des munitions de toutes sortes s'entassaient sur la frontière. Tout était prêt du côté des Français : Condé était à la tête d'une armée de 19,000 hommes et il annonçait au Parlement, le 2 février, qu'il allait entrer dans le pays.

La surprise ne pouvait être plus grande : les villes fortes étaient sans munitions, sans armes, sans soldats et l'on peut dire sans remparts, et l'activité la plus grande n'aurait pu parvenir à organiser une défense sérieuse. On convoqua immédiatement les milices, et comme on ne pouvait encore penser que l'ennemi fût si proche, et par une sorte de fatalité, dit Chifflet, on fixa le jour de leur réunion au 10 février. Ce jour là, Besançon et Salins avaient déjà capitulé, et Louis XIV campait devant Dole.

Pour comble de malheur, au moment du péril, le marquis d'Yenne n'avait pas su s'entendre avec le Parlement. Au lieu de songer à faire une courageuse défense, se croyant abandonné par l'Espagne, il avait désespéré de tout. Ce manque d'entente et d'unité dans le commandement aurait suffit, à lui seul, pour perdre un pays parfaitement préparé à la guerre; la Franche-Comté se trouvant dans l'état que nous venons de dire, il la livrait à son ennemi sans que la moindre résistance lui fût permise.

Condé entra en Franche-Comté le 4 février. Dans le but de couper nos communications, il s'empara immédiatement des châteaux de Rochefort (1), de Pesmes et de Marnay, et des villes d'Arbois, de Poligny et de Bletterans : il se présenta ensuite devant Besançon. Le magistrat lui ouvrit les portes de cette ville le 7 février, après avoir assuré par une capitulation ses usages et ses priviléges. Luxembourg se faisait ouvrir le même jour les portes de Salins. Louis XIV, qui avait quitté Saint-Germain le 4 février, accompagné des seigneurs que la promptitude

(1) Condé attachait une grande importance à la possession du pont de Rochefort. Je crains, dit-il dans une lettre à Louvois, que les franc-comtois ne s'alarment de nos préparatifs, et qu'ils ne se portent à couper le pont de Rochefort, ce qui serait le pire de tout, car cela estant, on ne pouroit investir les places, le Doubs ne se pouvant passer que là. (Bibl. de l'Arsenal, Ms. 471.)

du départ, tenu secret jusqu'au dernier moment, avait trouvés prêts à le suivre, arriva à Dijon le 8, et c'est là qu'il apprit la nouvelle de ces deux capitulations. Il fut indécis pendant quelques heures sur ce qu'il devait faire. Son dessein n'avait pas été d'assiéger Dole ni Gray pendant l'hiver : il redoutait un échec pour peu que la mauvaise saison favorisât les assiégés : d'un autre côté, il lui paraissoit bien dur d'être venu jusqu'à Dijon pour apprendre les rapides succès de ses généraux, et de s'en retourner à Paris sans avoir rien fait en personne. Cette considération l'emporta sur la première, et, le 9 au matin, il ordonna au duc de Roquelaure d'aller investir Dole.

Avant de clore cette courte introduction, nous rapporterons encore, en quelques lignes, les faits qui suivirent la prise de Dole et qui terminèrent la campagne.

Louis XIV sortit de Dole le soir même de son entrée. Il alla coucher à Foucherans dans le dessein de marcher immédiatement sur Gray. Il se mit en route le lendemain, et fit commencer l'investissement ce même jour qui était le 16. Il ouvrit tout d'abord un feu assez vif contre la ville ; mais en même temps il faisait présenter des propositions de paix au gouverneur par deux conseillers du Parlement qu'il avait traînés à sa suite. Les habitants se partageaient en deux camps ; le peuple, qui avait à sa tête le marquis de Lalin, son gouverneur, voulait une résistance sérieuse ; les bourgeois, au contraire, ne demandaient qu'à capituler. Les premiers ne voulurent même pas entendre les deux députés du roi, et les obligèrent à se retirer en les menaçant de tirer sur eux.

Mais pendant ce temps, arrivaient au camp français le marquis d'Yenne et dom Jean de Watteville. Ils reprirent l'œuvre des deux conseillers du Parlement, et ne rougirent pas d'user de leur influence pour hâter la capitulation. Louis XIV entra à Gray le 18 février et repartit dès le lendemain pour Saint-Germain. La Franche-Comté avait été soumise en quinze jours !

Dole resta aux mains des Français jusqu'au 10 juin 1668. Ils l'évacuèrent après avoir ruiné ses fortifications en différents endroits.

LE

SIÉGE DE DOLE

EN 1668

—

LE jour d'après, dixième jour de febvrier, le Roy parut devant Dole et y résolut ses quartiers, commandant au duc de Roannois, qu'il avoit fait avancer de grand matin, de faire loger les troupes pendant qu'il se promenoit autour de la place pour la reconnoistre. On avait veu, les deux jours précédens, ses capitaines des gardes, ses principaux officiers et les personnes de la première qualité qui le suivoient, à qui sa conservation estoit également chère, consulter diverses fois ensemble sur les moyens d'empescher qu'il ne s'exposast, comme en Flandre, en trompant, pour ainsi dire, plus tost qu'en choquant directement ce désir d'estre partout, dont ils voyoient bien qu'ils ne seroient pas les maistres. Mais à ce jour là mesme, pendant qu'il observe soigneusement les endroits propres à ouvrir la tranchée, suivi d'un petit nombre de personnes de qualité, un coup de canon entre plusieurs autres, l'approchant de fort près, et portant de la poudre sur le duc de Montauzier qui marchoit après luy, fit assez connoistre combien ces raisonnemens estoient inutiles, et la prévoyance des hommes sans la protection du ciel. (1)

(1) Le roi suivoit la fortune riante qui guidoit tous ses pas en ce voyage, et le premier des bonheurs de sa personne propre, fut d'échapper une embuscade de 25 fusillers sortis de Dole à petit bruit, à la participation du seul Mayeur,

La ville de Dole, moindre que Besançon et que Salins, mais capitale de la Province et tenue de tout temps pour sa place la plus forte, est assise dans une grande vallée, que les peuples, pour sa fertilité et pour sa beauté, ont appelée autrefois le Val d'Amours. Cette vallée est entrecoupée en son milieu de la rivière du

qui allèrent l'attendre dans les bois de la Crochère, en-deça d'Auxonne, pour ne l'épargner pas. Son armée investit aisément la place à cause de la communication du pont de Rochefort, par lequel ils prirent d'ailleurs les postes devant la ville, dans le faubourg situé au delà de l'eau, et dans l'hôpital, voir au couvent des Minimes.

..... Lorsque le gros des ennemis arrivoit, le parapet étoit en assez bonne forme, et le peuple de Dole, attiré par la nouveauté, accouroit de toutes parts pour voir arriver les françois. Il n'y avoit aucun canon sur le boulevart impérial, non plus que dans les casemates, point de gabion, point de houlettes, ni de cartouches : et celui qui avoit soin de l'arsenal, témoigna tant d'étourdissement pour sa jeunesse et inexpérience, qu'il couroit çà et là, sans savoir à qui ni à quoi entendre.

Le fils aîné de Monsieur de Broissia, qu'on appeloit M. de Montagna, ci-devant sergent-

Doubs, et de je ne sçay combien de petits vallons, qui forment quantité d'autres collines plus basses. La ville occupe une de ces collines, tournée vers le soleil levant, et porte ses murailles jusques au pied qui est lavé par le Doubs. C'est apparemment de cette rivière, nommée Dol par les Allemands, qu'elle a pris elle-mesme son

major aux guerres de Catalogne, avoit assemblé dans la ville environ cinquante chevaux : plusieurs jeunes gens y prirent parti, et il s'avança aux champs sous le canon, pour couvrir ceux qui travailloient encore. D'abord que cette troupe parut, les ennemis firent halte en leur marche, pour la reconnoître, mais ils n'en firent pas cas, d'autant qu'ils étoient bien avertis qu'il n'y avoit aucune cavalerie dans la province, et que ce ne pouvoient être que quelques écoliers. Ils dirent de plus aussi, lorsqu'ils virent tant de religieux (travailler) sur le bord de nos courtines, qu'ils auroient bon marché de nous.....

L'adresse fut grande parmi les ennemis, sur l'éminence de Mont-Roland. En attendant la jonction de leurs forces, ils paroissoient à la faveur des hauts et des bas, puis se recachoient, et reparoissoient encore pour persuader que le nombre étoit plus grand qu'on eût cru sans cela.

nom, car ceux qui ont voulu le tirer de Dolabella, sans aucun fondement en l'histoire, n'ont fait, à mon avis, que se jouer sur les mots.

Le Doubs rase une de ses faces dans son grand canal, passant sous un beau pont de pierre ; mais avant que d'en approcher, il forme diverses isles, et se divise

---

Notre canon joua, et quoique ce fussent des pièces médiocres, au commencement ce fut avec un si grand succès qu'elles firent des jours merveilleux parmi les ennemis, n'ayant pas encore mesuré la distance pour les éviter. Dieu permit que les trois bastions d'Arans, de Mont-Roland et de la Tour fussent munis de canonniers si adroits que l'on eut dit que de toute leur vie ils n'avoient fait autre chose. Et l'un d'eux étoit un prêtre, l'autre un menuisier, gens de courage qui avoient bonne intention. Les couleuvrines qui furent logées sur le boulevart de Bergère, firent encore mieux, et leur effet fut prodigieux. Dans un gros de vingt ou trente chevaux, ils en emportoient ou blessoient grièvement six, huit et parfois une douzaine, au grand étonnement des françois, qui depuis avouèrent que nos canons leur avoient fait bien du mal. (Mémoires de Chifflet.)

en diverses branches, dont l'une conduite par le travail des hommes, se jettoit encore alors en un autre endroit plus haut, dans la ville mesme, au pied d'un de ses bastions, par de grands arcs ménagez dans la courtine, et garnis de doubles barreaux de fer; puis couloit entre les vieux et les nouveaux remparts de la ville, y faisoit mouvoir quelques moulins, et sortoit enfin dans la courtine suivante par d'autres arcs semblables, pour se rejetter dans le grand canal, remplissant cependant de son eau le fossé de ses deux faces que la rivière défendoit encore, d'une autre sorte, par ces petites isles, qui font au-devant une espèce de marest.

Le corps de la place estoit généralement très-bon, composé de sept bastions ou boulevards d'une hauteur extraordinaire, capables de servir de citadelle contre la ville mesme, et fondez, presque partout, sur huit pieds de roc où le travail de la sappe et des mineurs ne pouvoit estre que très lent et très difficile. Ils estoient de dix pieds d'épaisseur, de gros quartiers de pierre taillez en bosse, à la rustique, d'une massonnerie excellente par la sécheresse du sable et l'abondance de la chaux vive, et qu'on avoit veue quelquefois, au dernier siége, se presser et se rendurcir plutost que se deslier et se desmentir aux coups redoublez du canon ; l'effort des mines mesmes, brisant tousjours plutost ces grosses pierres que de les séparer; et les habitans qui s'en voulurent servir depuis, trouvant plus de peine à les destacher l'une de l'autre qu'à en tailler de nouvelles dans les carrières ; d'où vient qu'ils disoient alors communément que ces ouvrages estoient destrempez et imbus de l'esprit invincible de Charles-Quint. C'estoit peut estre pour y avoir pris trop de confiance que les dehors, où consiste tousjours la principale longueur des siéges, avoient esté négligez, et le peu qu'on en avoit fait, laissé depuis en mauvais estat, qui est, sans cela mesme, l'effet ordinaire d'une longue paix. (1)

(1) Les soins du parlement, qui n'avoit pas prévu la promptitude de cette entreprise, n'avoient

La ville n'est point agréable au dedans. Ses rues et ses bastimens sentent plutost cette antiquité moyenne, obscure et barbare, que celle des siècles plus esloignez où nostre politesse moderne a tant de peine à atteindre. Seulement, quand on entre par le costé de la rivière, et qu'on remonte du bas de la colline vers le haut, elle présente un objet assez agréable en l'inégalité de ses édiffices, qui s'eslèvent en amphithéâtre par leur situation les uns au-dessus des autres, comme sur autant de divers degrez. Elle est principalement célèbre par la demeure du Parlement, ayant mesme obtenu des déclarations des derniers princes qu'on ne le pourroit jamais transférer ailleurs, soit qu'ils ayent voulu la récompenser par là de divers ser-

été autres, dès plusieurs mois, que de redresser trois demi-lunes et d'aller, en continuant ainsi à faire de beaux dehors. Ils ne suffirent pas alors à faire mettre en état les remparts et les parapets des courtines, tout autour de la ville. On donna cette commission à divers conseillers du Parlement. (Mémoires de Jules Chifflet t. I. pag. 110.)

vices, soit qu'ils ayent cru ce corps absolument nécessaire pour la faire subsister avec quelqu'éclat, privée qu'elle est, d'ailleurs, de toute sorte de commerce, ou qu'ils ayent considéré, enfin, que si elle n'est pas au milieu de la Province ou à peu près, comme le seroit Besançon, elle est au milieu de plus de bonnes villes, et sur cette extrémité qui a le plus de besoin d'estre soutenue contre nous. Elle a aussi une Chambre des Comptes, mais à qui le Parlement laisse très-peu de fonctions, et une Université qui se prétend plus ancienne que celle d'Orléans et que la pluspart des autres. On voit, par le reste de vieux bastimens, que son enceinte estoit autrefois plus grande et qu'elle avoit mesme un grand et vaste chasteau, séjour ordinaire des princes, environné des hostels de quelques maisons illustres, comme de Vienne, de Neufchastel et de Chalon, et ce fut apparemment le temps où les divertissemens de cette cour la firent nommer Dole la *Joyeuse;* mais elle a très souvent changé de face et d'estat, soutenant presque tousjours l'effort des guerres dans le païs, tantost courageusement et glorieusement défendue, tantost prise et saccagée, tousjours relevée de ses ruines pour servir de rempart à la Comté, et tousjours, dans les derniers temps, supportant avec impatience et aversion la domination des François, ses anciens maistres. Le peuple, rude et grossier plus qu'ailleurs, est nourri dans ces sentimens de haine et d'ennui pour nous, que le voisinage de la Duché ne fait mesme qu'augmenter à toutes les heures en des esprits desjà irritez et aigris. Nous en levasmes honteusement le siége en 1478, sous Louis onziesme, par la faute de Georges de la Trémoïlle, seigneur de Craon, à qui il en cousta le gouvernement de la Duché, et la charge de grand maistre de la Maison du Roy. Nous la prismes et la détruisismes entièrement en 1479, sous la conduite de Charles d'Amboise-Chaumont, et ce fut alors qu'au lieu de Dole la *Joyeuse*, on l'appella Dole la *Dolente*. De nostre temps, enfin, en 1636, le feu prince de Condé, père de celuy-cy, l'assiégea inutilement, avec une armée de vingt mille hommes, depuis le 27 may jusques au 15 aoust qu'il fut obligé de se retirer.

Le souvenir de ce siége, que plusieurs avoient veu, ne persuadoit point au Parlement ni aux habitans qu'ils deussent estre attaquez en hyver ni autrement que dans les formes. Tout ce qui dépendoit de leurs soins et de leur prévoyance n'estoit qu'à demy prest ; ni les munitions, ni la garnison mesme, qui étoit comme l'on disoit, ou devoit estre de quatre cents hommes et quarante chevaux de troupes réglées, avec deux mille cinq cents hommes, ramassez de la milice et des bourgeois. Mais le courage et la conduite y manquoient plus que tout le reste (1). Au premier

(1) La ville de Dole étant mal fournie de soldats, on proposa d'y faire entrer en toute hâte des gens déterminés, habitans de la Bresse devers Colone, qui, à la guerre précédente, avoient été fort volontaires et qui, au rapport d'un de leurs chefs, nommé le grand Martin, étoient encore résolus à faire merveilles. Mais on sut inconti-

bruit de nos armes, le marquis d'Yenne y vint en diligence, moins pour y laisser de bons ordres que pour quereller le Parlement et luy reprocher sa faute qu'il falloit plutost dissimuler et réparer. Puis, passant de mesmes dans les autres villes principales, il se retira au chasteau de Joux, à l'autre extrémité de la Province, pour attendre et favoriser le secours des Suisses désormais leur unique ressource. La ville ne fut pas plustost investie que le marquis de Meximieux se jette dedans, prest et ardent à se montrer digne du gouvernement qu'il n'avoit pû obtenir. Il excuse le Parlement, accuse le marquis d'Yenne (1) d'a-

nent après que les Français devers Blettrans, et entre autres un certain gentilhomme nommé Frécinet, les avoient gagnés par l'octroi de sauvegarde, pour leurs maisons.

...... On dépêcha au château de Vaudrey pour ordonner au seigneur du lieu, du surnom de

(1) Le marquis d'Yenne s'est efforcé de justifier sa conduite pendant cette guerre, et son administration pendant l'année qui la précéda, dans deux mémoires fort intéressants pour l'histoire de la Province, le dernier surtout, qui est

bandonner la capitale au besoin, despourveue de tout ce qui luy estoit nécessaire, veut s'engager, au péril de sa vie et de son honneur, par le crédit qu'il a sur les peuples et par la connaissance particulière des lieux, d'y amener dans huit jours,

Meruret, d'envoyer les gens qu'il y avoit retirés, capables de servir, en nombre, disait-on, de plus de deux cents. Mais il alléga ne pouvoir les contraindre d'en sortir pour passer à Dôle... Le terme marqué dans les billets de milice pour se rendre à Dole, qui étoit le dixième, ayant été prévenu par la diligence des Français, cette ville se vit avec si peu de gens. (Mémoires de Chifflet, t. I. f. 108.-109.

un recueil de lettres du Gouverneur à différents personnages avec les réponses.

Le marquis d'Yenne avait servi bravement l'Espagne en portant les armes pour elle pendant 27 années. Le gouvernement de Franche-Comté lui avait été donné en récompense de ses services et il eut le malheur de recevoir cette province dans le triste état où nous l'avons dépeinte dans notre introduction. L'on doit excuser quelques-unes de ses fautes, mais il en est qu'on ne saurait lui pardonner, et parmi celles-ci, sa conduite au siége de Gray.

malgré l'ennemy, huit cents chevaux avec huit cents fantassins en croupe, et toutes les choses dont on aura le plus besoin. Mais ses offres, ou jugées impossibles ou contraires à l'autorité du gouverneur de la Province, son ennemi, ne furent point acceptées, et il fut réduit à demeurer dans la place, simple particulier, pour y servir de sa personne, s'il ne le pouvoit autrement.

Le gouverneur de Dole, qui était le marquis de Saint-Martin, françois, frère du comte Montrevel, lieutenant du roy en Bresse, et par ces raisons suspect aux Espagnols, fit honneur à sa nation en servant fidèlement celle à qui il s'estoit attaché. Les Comtois lui rendent ce tesmoignage encore aujourd'huy. Mais tout le pouvoir estoit entre les mains du Parlement, incapable de donner conseil et d'en prendre, et ne sachant ni obéir ni commander.

C'estoit la disposition des choses au dedans, présage plus certain de notre victoire que celuy qui fut apporté au Roy par quelques prisonniers, et reçeu par toute sa suite avec acclamation et avec joye, qu'un bastion s'estoit démenti, et qu'une demy-lune s'estoit esboulée ce jour-là mesme. Au dehors, le roy, après avoir reconnu la place avec beaucoup de patience et d'attention, prit son quartier à Foucherans, village à demy-lieue de Dole, dépendant de la France, mais enclavé, comme quelques autres, dans la Comté.

Le Prince de Condé arriva le soir. On l'a veu quelquefois depuis, entre ses confidens, parler avec estonnement et admiration de ce que le Roy luy dit touchant cette place et les diverses manières de l'attaquer. Mais bien qu'il ne pensast pas y pouvoir ajouter, le Roy, par une modération louable, voulut, avant que de rien entreprendre, qu'il la reconnust encore le lendemain, laissant cependant arriver tout le reste de l'infanterie et reposer celle qui arrivoit ce jour là.

Il estoit nuit, en effet, avant qu'elle eust trouvé ses quartiers, le temps un peu pluvieux sur le soir, les soldats mouillez et fatiguez de la marche. Mais la joye de se voir en pleine sureté dans des villages abandonnez à la hâte par leurs habitans, et abondant en toutes sortes de provisions, leur faisoit facilement tout oublier. A peine en voyoit-on un seul qui ne trainast après luy quelque partie du bestail errant pitoyablement par les champs, sans pasteur et sans maistre. D'autres paroissoient avec des vaisseaux de toutes les sortes qu'ils avoient remplis de vin, et qu'ils portoient sur leur tête. Ils passoient la nuit auprès de grands feux qu'ils avoient allumez par nécessité pour se sécher et continuez par la débauche avec une joye qui n'habite guerres sous les lambris dorez, répétant les santez de leur colonel et de leur prince, et s'exhortant les uns les autres à bien faire le lendemain.

Le jour estoit à peine venu, que le prince de Condé, suivi d'une partie des officiers généraux, visitoit et reconnoissoit la place, mais de si près, que le duc de Roannois y eut son cheval blessé d'un coup de mousquet. Le Roy n'en fit pas moins, l'après-dînée, séparément, ayant ordonné dès le matin qu'après avoir assemblé dans les quartiers les tonneaux et autres choses nécessaires pour l'attaque, on les fit apporter sur les lieux. Le mesme duc de Roannois y fut employé, et pendant qu'il n'oublie rien pour s'en bien acquitter, allant et venant avec son activité ordinaire, y eut encore le coin de l'œil légèrement effleuré d'un coup de mousquet.

Le soir, après un nouveau conseil qui ne fit que confirmer ce que le Roy avoit remarqué et dit au prince de Condé le jour d'auparavant, on résolut absolument ce qui devoit s'exécuter le lendemain.

L'estat des choses dont on estoit assez bien informé, la foiblesse de la garnison et la bonté de nos troupes persuadèrent qu'on pouvait hazarder tout d'un coup le logement sur la contrescarpe, sans ouvrir la tranchée dans les formes ordinaires, dont les longueurs ne s'accordoient point aussi avec la saison ni avec les desseins du Roy.

L'endroit le plus foible de la place estoit, sans doute, celuy par où elle fut principalement attaquée en 1636, au bas de la colline, près de la rivière, lorsqu'elle commence à s'esloigner des murailles, à la pointe du bastion qu'on nomme du Vieux-Chasteau : car, outre que toute cette courtine peut estre plus aisément battue du canon qu'aucune autre d'un tertre qui est au-delà de l'eau, il se rencontre que par divers chemins creux, en faisant le tour d'une petite éminence qui est au-devant de ce bastion, on peut approcher l'esplanade à couvert presque à la longueur de la pique. Cependant, le mois de février où l'on estoit, le voisinage de la rivière, une de ces inondations ordinaires, qui pouvoit facilement survenir et noyer les travaux, firent qu'on choisit plustost la courtine au-dessus de celle-là, à main gauche en montant vers le haut de la colline.

On ordonna trois attaques ; l'une, des gardes françoises commandées par le duc de Roquelaure, le plus ancien des cinq lieutenans généraux ; l'autre des régimens de Saint-Valier et de la Ferté, par Gadagne, second lieutenant général ; la troisiesme, du seul régiment de Lyonnois, par Chamilly, l'un des deux mareschaux de camp.

Les gardes, suivant leur droit accoustumé, choisirent le lendemain l'attaque à à la gauche en l'endroit le plus haut, vis-à-vis du bastion appelé de Montroland ; Saint-Valier et la Ferté eurent la droite, au plus bas de cette face, vis-à-vis le bastion d'Arens ; Lyonnois, le milieu, vis-à-vis la pointe d'une demi-lune qui estoit entre deux. Mille travailleurs furent destinez à faire des lignes de communication, et la tranchée en arrière, dans le mesme temps des attaques. Les volontaires, lassez de n'estre que spectateurs, attendoient avec impatience le lendemain ; mais le Roy considéra que s'il les abandonnoit à leur courage, il hazarderoit sans nécessité, au lieu de simples soldats, toute la fleur de sa plus haute noblesse et le plus beau sang de l'Estat, la naissance, le rang et la jeunesse n'estant pour eux qu'autant de raisons de s'exposer au-delà de toute raison. Il leur fit donc une défense si sévère d'aller à l'attaque ni à la tranchée sans ordre, que personne n'osa la violer. Rien ne le put empescher, cependant lui-mesme, qu'il n'allast avec beaucoup de péril, suivi du duc de Noailles, son capitaine des gardes, des ducs de Créquy et de Montausier et de peu d'autres, visiter encore le lendemain le lieu des attaques, et par les mesmes endroits où des gens d'armes et des gardes du corps venoient d'estre tuez du canon et du mousquet. En cette occasion, Colbert, capitaine-lieutenant de la seconde compagnie des mousquetaires, fit une action qui ne mérite pas d'être oublié, car, comme la petite troupe du Roy se grossissoit à tout moment de quelques uns, par l'empressement naturel aux courtisans, et que le duc de Roannois, s'esloignant et s'en faschant tout haut, disoit qu'il faudrait faire, au contraire, quelque gros de mousquetaires d'un autre costé, pour y attirer le canon et le destourner du prince, son zèle reçut avidement ce conseil qu'on ne pensoit presque pas luy donner sérieusement. Il tire ses mousquetaires d'un fond où ils estoient à couvert, se place à leur teste sur une hauteur prochaine et y tient ferme malgré le fracas que le canon de la ville commençoit à faire dans ses rangs, tourné désormais principalement sur cet endroit, comme on l'avoit prévu. La fortune favorisa sa vertu, car il n'y perdit pas un des siens et il n'y eut que des chevaux tuez (1), jusqu'à ce que le Roy, portant les yeux de ce costé là, remarque cet escadron, demande ce qu'il y fait et apprend la vérité du Duc de Roannois lui-mesme, et commande absolument qu'on le fasse retirer, jaloux, pour ainsi dire, de son propre péril, et ne voulant pas s'en garantir par celui de ses sujets.

Le prince de Condé vint le trouver en ce lieu là même, et ils se confirmèrent ensemble dans le dessein de trois attaques, et concertèrent de nouveau, jusques au moindre détail de ce qui alloit estre exécuté. Le Roy fit trembler encore une fois tout ce qui s'intéressoit pour lui, car, comme

(1) Chifflet raconte au contraire, dans un passage que nous citons en note, page 17, que le canon de la place fit beaucoup de mal aux ennemis.

il découvrit les gardes qui montoient la tranchée, il voulut, à quel prix que ce fust, les alloir voir et encourager de plus près, se plaçant au mesme endroit que l'escadron des mousquetaires venoient de quitter. C'estoit, dans les règles de la guerre, le temps où le canon ennemi devoit faire son plus grand effort. Les assiégez, toutefois, qui ne doutoient plus qu'ils n'allassent estre attaquez, et ayant ailleurs des affaires plus pressées, ou pleins de confusion et de tumulte, et par le désir mesme de se deffendre n'en prenant pas les moyens, comme pour respecter déjà celuy que le ciel alloit leur donner le lendemain pour maistre, ne tirèrent pas un seul coup de ce costé là.

La nuit vient, tout se dispose à l'attaque; le Roy se place sur une hauteur prochaine; le Prince est à la queue de la tranchée et partout où il croit sa présence nécessaire. On voit les quatre aydes de camp nommez pour cette expédition, le comte d'Auvergne, frère du duc de Bouillon, Béringhen, fils du premier escuyer, d'Arcy et Cavoy, incessamment aller et venir du prince de Condé au Roy, et du Roy au prince, qui rend compte de tout et exécute promptement et facilement ce qui luy est ordonné. Net, précis, humain, familier dans les commandemens, non-seulement se possédant luy-mesme, ce qui luy estoit ordinaire dans les plus grands périls, mais plein de cette joye tranquille qu'inspirent aux hommes les occupations où la nature les a destinez, et où ils se sentent comme assurez de bien faire, agréable en un mot à l'armée et à la cour, qui voyant en luy tout ce qu'on y avoit estimé autrefois, y remarquoient seulement, pour surcroist, quelque chose de plus meure et je ne scay quelle trempe plus douce, que l'aage, que les vicissitudes de la fortune enfin, rude, mais habile maistresse, ont accoustumé d'adjouster aux esprits fermes et vigoureux.

Cinq coups de mousquet qu'on avoit pris pour signal, sont tirez de suite, sur les neuf heures du soir, de l'attaque des garde où il estoit, et tout marche vers les murs ennemis. Les gardes jaloux de cet honneur qu'ils se sont acquis en tant de rencontres, avoient obtenu de luy, non sans peine, qu'ayant un peu plus de chemin à faire, ils partiroient un peu avant le signal, à la charge de se tenir sans bruit, à quelque distance de la contre-escarpe, jusques à ce que les deux corps fussent en estat de donner. Le hazard trompa leur prévoyance ou fit voir, tout au contraire, qu'elle n'avoit pas esté injuste et sans fondement. Ils trouvent, non-seulement un plus long espace qu'ils n'avoient cru, mais des chemins creux à la traverse, des fossez profonds et bourbeux, garnis de haies vives qu'ils ont une extrême peine à passer : tout ce qu'ils peuvent faire, enfin, en redoublant leur diligence, est d'arriver à la contre-scarpe en mesme temps que le Lyonnois, et un peu après Saint-Valier et La Ferté où parut le premier feu. Je diray seulement, quant à l'ordre de la marche et des attaques, ce qu'on observa en celle des gardes, qu'il faut supposer de mesme ou à peu près aux deux autres. Trente-huit grenadiers marchoient à la teste, séparez en deux et commandez par deux sergens ; quarante soldats les soutenoient, séparez en deux aussi et commandez par deux soldats et un officier ; ensuite, venoient trente-cinq soldats en un corps, conduits par deux autres sergents et deux officiers ; puis deux cents travailleurs, chacun portant une barrique, un outil et une fascine, séparez en deux bandes, chacune suivie de cinquante soldats avec un capitaine, trois autres officiers et trois sergens. Les deux capitaines estoient Ranchet et Croisille. Tout le reste des gardes suivoit en deux petits bataillons de réserve, avec ordre d'avancer ou de n'avancer pas, suivant que l'on trouveroit plus ou moins de résistance. Tous les soldats avoient une fascine à la main qu'ils devoient jeter par terre quand ils seroient au lieu du combat. (1)

(1) Aux sept heures du soir commença l'attaque qui dura jusque aux quatre heures du matin : elle fut rude à merveille. Jusque aux dix heures et demie du soir, les grenades furent

Pas une des trois attaques ne trompa nostre attente. A celle de Saint-Valier, où le feu avoit commencé à paroistre, il fut d'abord grand et cessa le premier aussi ; c'est-à-dire qu'après une résistance assez vigoureuse, le logement fut fait, mais à jetées en grand nombre sur nos gens, et même des bombes dans la place. L'obscurité favorisoit l'attaque dont le régiment de Lyonnais, sous le jeune marquis de Villeroy, entreprit le plus grand effort. On vit de la courtine, et dès le boulevart de la Tour ou Impérial, toutes les ruses militaires. Le silence y étoit grand parmi les gens, tous les discours des attaquans étoient bas, parcequ'ils étoient voisins des nôtres, ils faisoient paroître des fausses lumières pour attirer des décharges en les endroits inutiles.
Les François furent très maltraités, nommément le marquis de Tourville, dont le roi témoigna un grand regret. Il fut blessé d'une balle à la tempe et mourut dans la ville..... De nos gens, le seul capitaine Piard fut tué dans la contrescarpe, le sieur de Jaillon tomba ès mains des ennemis. — (Les mémoires de Chifflet paraissent incomplets en cet endroit, et, outre les lacunes que l'éditeur n'a peut-être pas fait assez remarquer, il paraît y avoir interpolation du texte.)

deux toises ou environ de la palissade que l'ennemi n'avait pas entièrement abandonnée, comme il paroissoit par quelques restes de feu à diverses reprises. Gadagne qui commandoit, y fut légèrement blessé à la main. Aux gardes, les grenadiers firent admirablement leur devoir. La contrescarpe est en un moment couverte de feu, bordée par les commandez. Il n'y a point de travailleur si paresseux qui ne la joingne et qui ne place ce qu'il portoit. Les nostres, voyant déjà le chemin couvert presqu'abandonné, qui est cette première descente taillée dans le fossé, d'où l'on peut tirer comme de derrière un parapet, arrachent les pieux de la palissade, mauvaise presque partout, et la pluspart nouvelle. Castelane, major des gardes et qui servoit de brigadier en toute cette guerre, avoit voulu marcher à la teste des commandez avec le sergent. Le marquis de Puyguilhem l'avoit suivi, ou en ayant obtenu secrètement la permission, ou comme mareschal de camp de la campagne dernière à qui le Roy avoit laissé libre d'en faire la charge ou non en cette expédition, et qui n'avoit point encore pris de parti, raison ou prétexte pour se tenir excepté de la défense faite aux volontaires.

Castelane, ne doutant pas que les ennemis, quoiqu'ils ne parussent plus, ne retournassent au chemin couvert, luy propose de se jeter dedans avec trente soldats. Ils y descendent, non sans peine, accompagnez de Ranes, Lusignan, Montmont et Villeron, officiers aux gardes, qui ne voulurent pas les quitter. Les ennemis ne reviennent point; la hardiesse de ce petit nombre des nostres augmente; ils visitent le fossé autant que le permet une nuit obscure. Ranes, le voulant sonder, tombe dedans, le trouve peu profond et sec, comme taillé dans le roc; Castelane, Puyguilhem et les autres descendent ou roulent après luy, suivis de cinq ou six soldats seulement, et faisant crier aux nostres, par ceux qu'ils laissoient au chemin couvert, qu'on ne tirast point sur eux. Un soldat vient sur eux, respondant Espagne à leur Qui vive; ils le font prisonnier, et apprennent qu'il va estre suivi de cent autres. Leur embarras ne fut pas médiocre : ils n'estoient que dix ou douze au plus, et ne pouvoient remonter qu'en se guindant et s'aidant les uns les autres, de quoi l'ennemi ne leur donneroit pas apparemment le moyen. Le parti le plus hardi leur parut le plus seur. Ils marchent avec le mesme courage, trouvent un gros de quinze ou vingt ennemis, soutenus sans doute de plusieurs autres, se meslent à eux l'espée à la main, en tuent six ou sept, font tourner teste à tout le reste, les poussent jusques vis-à-vis l'attaque de Lyonnois et s'arrêtent là, de peur que les nostres ne tirassent sur eux comme sur des ennemis. Ils remontent enfin au chemin couvert sans avoir eu qu'un seul de leurs soldats blessé d'un coup d'espée, mais essuyant encore le feu de nos grenadiers qui, dans l'ardeur de bien faire, ne distinguoient point leurs voix et leurs noms qu'on leur disoit tout haut. A cette attaque, non-seulement le duc de Roquelaure, qui la commandoit, mais aussi le prince de Condé et le duc d'Enghien, parurent incessamment sur la contrescarpe quelque danger qu'il y eût. Celle de Lyonnois ne passa pas seulement les espérances, mais les ordres mesmes du prince de Condé. Chamilly, mareschal de camp, y commandoit comme j'ay dit. Le chevalier de Chamilly, son frère, s'y monstroit des premiers avec le marquis de Villeroy, maistre de camp de Lyonnois, l'un des seigneurs de la cour le mieux fait, le plus adroit à toutes sortes d'exercices et qui tesmoignoit le plus d'élévation dans les manières, fils du mareschal de France qui avoit gouverné la jeunesse du Roy. Leur ordre n'estoit que de se loger sur l'angle saillant de la contrescarpe, vis-à-vis la pointe de la demi-lune; mais comme s'ils eussent senti de quoy ils estoient capables, ils proposèrent au prince de Condé d'emporter la demi-lune mesme. Il loue leur ardeur, mais il trouve que c'estoit trop entreprendre pour le premier logement, surtout s'il estoit vrai, comme on le disoit, que la demi-lune fus revêtue. On fait venir un prisonnier des ennemis pour s'en mieux éclaircir ; il le confirme avec certitude, ayant eu luy-mesme, depuis peu, la conduite de ce travail. Après cette réponse, le prince leur défend d'y penser. Ils donnent en mesme temps que les autres et se rendent maistres de la contrescarpe et du chemin couvert ; mais alors leur première pensée leur revient plus forte que jamais, portez et encouragez qu'ils sont par le succès mesme dont ils n'avoient auparavant que l'espérance. Ils s'arrestent toutefois, incertains encore et flotans entre l'obligation d'obéir et le désir de la gloire, mais ne cherchant qu'un prétexte pour se rendre à ce dernier, jusqu'à ce qu'après avoir observé la demilune avec soin, ils s'apperçoivent qu'elle estoit un peu éboulée en un endroit, et qu'ainsi la raison pour laquelle on leur avoit fait deffense de l'attaquer ne subsistoit plus.

On rend cette justice au marquis de Villeroy, qu'il parut avec la mesme gaité qu'au milieu des festes et des divertissemiens de la Cour, montant le premier sur la demi-lune avec cinq ou six de ses officiers et du jeune Courcelle, son parent, qui le suivit toujours, quoique blessé au ventre d'un pieu de palissade dont on l'avoit frappé, et ayant reçu dans ses habits deux coups de mousquet. Les ennemis en sont chassés entièrement, les nostres s'y logent, prennent un drapeau qu'on y avoit arboré pour les braver, et l'envoyent au Roy avec plus de trente prisonniers.

Je ne sais si l'ancienne et dure sévérité des Romains eût puni cette action, mais il est certain qu'elle contribua autant qu'autre chose à la prompte reddition de la place, rien n'ayant si fort déconcerté les assiégez que leur demi-lune emportée à la première attaque, dont ils ne se pouvoient consoler.

Le prince de Condé, après les trois logemens achevez, en vint rendre compte au Roy avec toute l'humilité d'un homme qui n'auroit rien fait, et reçut, pour la première récompense, l'obligeant reproche de s'estre trop exposé. Le reste de la nuit se passa, pour la plus grande partie au quartier du Roy, à parler de ce succez et à s'en réjouir, sans pourtant que ces entretiens et la bonne chère de la table fissent oublier les soins du lendemain, ni ceux qu'on devoit aux blessez et aux morts.

Les gardes, en faisant ce logement ou durant la nuit, eurent cent trois soldats tuez ou blessez. Je n'ay pu apprendre avec certitude ce qu'il y en eut aux deux autres attaques. Si j'en crois les relations publiques, le nombre en toutes les trois attaques pouvoit aller à six cents. Si j'ajoute plus de foi à plusieurs particuliers non suspects, et si je raisonne par ce que j'ay desjà dit de l'attaque des gardes, et par les corps morts qu'on voyoit encore le lendemain sur la place, peu d'autres ayant esté enlevez et enterrez sous les logemens mesme, je diminuerai ce nombre au moins de la moitié ; tant de divers intérêts mettent des nuages autour de la vérité, mesme en ces choses de fait et qui paroissent peu importantes ! De personnes de nom, il n'y eut à l'attaque des gardes que des Pics, lieutenant, de tué; le chevalier de Sandricourt, enseigne, y reçut une mousquetade au ventre; Rancher, capitaine, deux coups dans la cuirasse; Bouvisi, une contusion seulement; Linières, un coup de mousquet à la mamelle droite, mais entre les chairs et très-favorable; Bauroux, un à la cuisse. Je sais que l'histoire, surtout générale, passe beaucoup de ces circonstances qui semblent d'abord n'apporter ni utilité ni plaisir au lecteur; mais trouvant au fond également injuste et nuisible de priver les hommes vaillants d'une des plus douces récompenses que puisse espérer la vertu, j'omets rarement les noms, les services et les dangers mesme des particuliers, quand ils sont venus à ma connoissance.

Il y eut dix ou douze officiers du régiment de Lyonnois tuez ou blessez: Gimat, lieutenant-colonel, mourut quelques jours après de ses blessures; Dumé et Vallorges échappèrent à peine des leurs; Beringhen, qui servoit d'aide de camp, comme j'ay dit, portant les ordres du Roy et passant d'une attaque à l'autre, fut aussi blessé à la main, mais légèrement, d'un coup de mousquet.

Le lendemain, il en cousta encore la vie à quelques-uns des nostres. Les logemens estoient faits, mais non parfaitement à couvert. Ils n'avoient aussi encore nulle communication, ni entre eux, ni avec la tranchée, car les travailleurs n'avoient pu avancer assez promptement parmi les ténèbres nécessaires à ces sortes d'ouvrages, mais qui ne laissent pas que d'y apporter beaucoup de confusion. On ne pouvoit donc aller jusqu'aux logemens qu'avec grand danger, et par là mesme, ceux qui les gardoient n'avoient qu'à demi ce qu'il falloit pour s'y fortifier. Les volontaires, prétendant que la défense du Roy n'avoit esté que pour les attaques, se jettoient en foule sur ce chemin périlleux; et la curiosité ou la vaine ostentation de courage en auroit encore fait regretter plusieurs, si le prince de Condé, par une sévérité humaine, ne leur eut marqué des bornes, avec ordres aux nostres de tirer sur ceux qui les passeroient. Pour lui, se croyant appelé par son devoir, et, sacrifiant mesme à sa gloire quelque chose de plus, il va, avec tout ce qu'il avoit de plus cher, c'est-à-dire avec le duc d'Enghien, son fils, visiter en plein jour l'attaque des gardes, capable peut-être au dedans de toutes les craintes et les inquiétudes de père, mais libre et tranquille au dehors, parmi la grêle des mousquetades, qu'il a avoué depuis n'avoir jamais esté plus épaisses, et d'une desquelles le comte de Sainte-Mesme, qui estoit derrière lui, fut blessé à la bouche, mais très-favorablement.

Le jeune marquis de Fourilles, fils du lieutenant-colonel des gardes mort depuis peu, pendant qu'il fait redresser en ce logement des sacs de terre que le canon avoit renversés, est renversé lui-mesme d'un coup de mousquet dans la teste, dont il mourut peu de jours après. On l'emporte et, au milieu du chemin, il a l'épaule percée d'un autre coup et reçoit encore une grande contusion, la fortune assemblant en lui seul ce qui suffisoit à la perte et à la gloire de plusieurs.

Le Roy, instruit de tout ce qui se passe, emploie le jour à donner divers ordres et à régler toutes choses pour faire achever les lignes de communication, mettre le canon en batterie, continuer les attaques les nuits suivantes, où le duc de Roquelaure, Gadagne et Chamilly alloient estre relevés par Pradelle, le duc de Roannois et Dipense, quant il y eut une suspension d'armes demandée par les assiégez.

Entre ceux qui avoient suivi le Roy dans ce voyage, estoit le comte de Grammont, frère du Mareschal, qui, avec la bonne mine agréable de cette maison, avoit une sorte d'esprit aisé et divertissant, sans affectation, ingénu, naturel, populaire, portant je ne sçay quel caractère de franchise et de bonté, et toutefois fin, adroit, insinuant, ne faisant presque jamais rien sans dessein, difficile à estre imité par tout autre sans tomber dans les extrémitez qu'il sçavoit éviter. Cela luy avoit acquis, de tout temps, beaucoup de liberté auprès du Roy, qui l'avoit mesme honoré depuis peu par brevet des entrées du petit coucher, privilége attaché à plusieurs charges de sa maison, et mesme à quelques-unes des moindres par la nécessité du service, mais accordé rarement aux personnes de qualité sans charge pour éviter les conséquences, et regardé comme une marque particulière d'affection et d'estime. Le comte, dans les entretiens plus enjouez qu'à l'ordinaire sur le succez des logemens, et sur le temps où la place se pourroit rendre, se vante et s'offre mesme de gager avec le Roy que, si Sa Majesté lui permet d'y travailler, il ne réussira pas moins facilement qu'à l'Isle et à Bavay, bien que la négociation parut alors plus malaisée par l'obstination où l'on croyait les habitans. Le Roy, dès le premier jour, leur avoit envoyé un trompette avec ordre de demander seulement l'entrée pour une personne de qualité qui venoit après lui. Mais ayant esté introduit les yeux bandez, afin qu'il ne pût rien observer, après qu'ils lui eurent fait mille questions sur celui dont il leur parloit, quoiqu'il dissimulât habilement, feignant de ne pas le connoistre et nommant tantost le duc de Roannois, tanstost quelqu'autre, ils le renvoyèrent sans lui rien accorder, persuadés que c'estoit Chamilly qu'on vouloit leur envoyer, par lequel ils se plaignoient d'avoir desjà esté trompés sur la neutralité. Ce mesme trompette y estoit retourné le lendemain, sous prétexte d'un sauf-conduit que la marquise de Varambon, qui estoit dans Dole, demandoit pour se retirer. Il avoit porté alors, et rendu au corps de garde, une lettre du Roy pour le Parlement, dans le mesme sens que celle du prince de Condé à ceux de Besançon. La lettre, qui avoit esté laissée ouverte à dessein, fut rapportée au trompette, comme si les supérieurs n'avoient pas voulu la recevoir, et on ne permit pas mesme à la marquise de Varambon de se servir du sauf-conduit. Tout cela marquoit de la répugnance à capituler ; mais l'attaque et les logemens de la nuit passée leur pouvoient avoir donné d'autres conseils.

Le Roy, sur l'offre du comte, accepte la gageure en riant, ne laissant pas toutefois d'avoir son dessein sérieux. La prise de cette place estoit désormais indubitable, hors quelqu'accident extraordinaire, mais les plus extraordinaires sont communs parmi les hazards de la guerre. La difficulté des mines dans le roc, dix ou douze jours au moins que les assiégez pouvoient tenir en fermant seulement leurs portes, empeschoient le Roy de penser à d'autres conquestes dans le mesme temps qu'il s'estoit prescrit à lui-mesme. La composition, enfin, si avantageuse qu'elle fût aux ennemis, estoit alors dans son véritable intérêt, quand elle n'eût fait qu'espargner tant de braves gens si prodigues de leur vie et de leur sang pour son service.

Parmi les prisonniers qu'on avoit faits, il y avoit un capitaine d'infanterie nommé Toulongeon, (1) mais qui n'avoit rien de

(1) Marc de Toulongeon, chevalier, seigneur de Pelousey, capitaine de deux cents hommes

commun avec Toulongeon, frère du comte et du mareschal de Grammont. Soit, néanmoins, que la rencontre fortuite du nom ou l'occasion seulement ait donné au comte la curiosité de lui parler, et ensuite quelque affection pour luy, en ce qu'il luy avoit trouvé de l'esprit et de la discrétion, il demande au Roy et obtient la liberté de ce prisonnier pour l'envoyer à Dole préparer les voies à la négociation, se rendant caution lui-mesme que le prisonnier reviendra si elle ne peut réussir (1).

d'infanterie, époux de Marguerite de Grachain. (Notes sur les Mém. de Chifflet.)

(1) Au Magistrat fut admis le capitaine de Toulongeon, fait prisonnier pendant l'attaque et conduit au camp des François. Il avoit eu congé pour venir dans Dole y chercher ses deux fils qu'il n'avait point rencontrés dehors. Il fut mené au Magistrat, où il fit brièvement rapport du sujet de sa venue, puis de l'état de l'armée françoise, la dépeignant fort nombreuse, etc. Tout cela produisit un très mauvais effet parmi tous ceux qui l'ouïrent, qui étaient les 54 notables de la ville. (Mémoires de Chifflet).

Il le fait aller devant et se présente quelques heures après aux portes de Dole. On lui ordonne de s'esloigner ; il ne se rebutte point ; il se retire un peu à l'escart, attend, revient à diverses fois, demande à parler au commandant, au marquis de Meximieux et à d'autres, prie, flatte, menace quelquefois, se familiarise avec les soldats, feint d'avoir soif, se fait donner par eux de quoi l'appaiser, les récompense de quelques pièces d'or, parle magnifiquement de nostre armée et du Roy, passe ainsi quatre heures de temps sans pouvoir fléchir l'officier qui estoit de garde et qui ne voulut jamais lui parler, mais dans l'espérance qu'il en viendroit un autre plus traitable quand celui-là seroit relevé. En effet, soit que le nouvel officier y contribuât, ou que ce fût l'effet de sa patience ou des offices de Toulongeon, il est introduit aussitost après par un tambour. On lui envoie, au logis où il s'estoit retiré, trois conseillers du Parlement, puis quelques officiers de la ville. Il parle séparément aux uns et aux autres de la mesme sorte et avec le mesme succez, leur représente les droits du Roy qui vient à eux victorieux de tous costés, mais avec le véritable esprit d'un juste maistre, ne voulant ni laisser à d'autres, ni ruiner et destruire pour luy-mesme ce qui lui appartenoit, et plus soigneux de leur intérest qu'ils ne l'ont paru eux-mesmes jusqu'icy. Qu'ils regardent ce qu'une seule nuit leur a osté ; qu'ils ont peu de gens de guerre, nulle espérance de secours ; que toute leur résistance ne va désormais qu'à différer leur réduction pour peu de jours, en bravant, par un ridicule orgueil, leur Roy légitime ; qu'ils examinent un peu si pour cette vaine et fausse gloire, au lieu de conserver leurs vies, leurs biens, leurs honneurs, leurs priviléges, il faut s'exposer à tout ce que peut un souverain et un vainqueur irrité ; qu'ils n'ont que trop satisfait l'Espagne, qui prend si peu de soin de les conserver ; pensent-ils qu'il n'y ayt qu'une sorte de devoirs à remplir et ne comptent-ils pour rien ceux de citoyen, d'hommes, de père, de fils, de mari, ni le sac et l'embrasement de leur ville florissante, et la fin précipitée de tant de personnes foibles et innocentes, qu'un peu de retardement et d'obstination vont envelopper dans le mesme malheur.

Tout cela n'achevoit pas de les amener : leur silence seulement témoignoit de l'irrésolution de leur esprit. Il poursuit et leur exagère le plaisir qu'ils faisoient à toute la ville de Besançon ; quelle joie monstroient ses députez la nuit passée en voyant, d'une éminence voisine, leur résistance par le feu des attaques ; avec quelle satisfaction ils se promettoient que le Roy en colère osteroit à Dole, non-seulement tous ses priviléges, mais aussi le Parlement, la Chambre des Comptes et l'Université pour les donner à Besançon. Alors véritablement, soit que la mesure fût comble et n'attendît que ce léger surcroist, soit que l'endroit parût plus honeste pour se rendre, soit qu'en effet l'intérest, la jalousie et la haine les piquassent vivement, comme s'il n'estoit plus question que de faire dépit à l'ennemi domestique, et si leur foiblesse devenoit une action de vigueur, ils donnent les mains et demandent une suspension d'armes pour capituler. Le comte s'en retourne joyeux, emmenant avec luy pour ôtage le greffier en chef du Parlement. Le commandement est fait aux logemens et à la tranchée pour la suspension. Quelques-uns des nostres, et en particulier le marquis de Puyguillain, porteur de cet ordre, et le duc de Roannois, qui alloient entrer en garde, coururent en ce commencement de paix, plus de périls que la guerre n'a accoustumée d'en avoir, s'estant avancés sur cette confiance à découvert jusques sous le feu de la courtine, où le mesme ordre n'avoit pas encore esté donné par les assiégez. La capitulation fut signée le lendemain au matin, portant principalement la confirmation des priviléges que tous les corps establis à Dole, ceux mesme qu'il ne sembloit pas nécessaire de nommer, baillage, collége de pensionnaires, trésorier-général, n'en pourront jamais estre ostez, ni les Estats de la Province jamais tenus ailleurs, et autres choses semblables. (1)

Le marquis de Saint-Mauris, gouverneur, n'y voulut avoir aucune part, ayant aussi refusé, mais avec beaucoup d'excuses et de civilitéz, de voir le comte de Grammont dans sa négociation, ni d'en estre vu. Le marquis de Meximieux, honteux des fautes d'autruy, après avoir crié, prédit, remontré depuis le commencement jusqu'à la fin, et tousjours avec le destin de n'estre point cru, comme une autre Cassandre dans Troyes, brigua et obtint de n'estre pas mesme nommé dans les articles

(1) Les bourgeois de Dole, qui étoient seuls à la défense de la place, et dont plusieurs l'avoient déjà défendue au siége de 1636, auroient pu tenir huit ou dix jours avec de si forts remparts et tuer bien du monde. Mais cette résistance mal placée n'auroit abouti qu'à irriter un roi conquérant, et exposer la ville au sac, au pillage et à une ruine entière, comme il lui étoit arrivé du temps de Louis XI, ou du moins à la perte des avantages dont elle avoit joui si longtemps comme capitale de la Province, et qui auroient été transférés à Besançon. (Dunod, Mémoires pour servir à l'histoire du comté de Bourg., p. 693.)

où l'on demandoit pour la noblesse la permission de se retirer. Gadagne, l'un des meilleurs officiers de France, des plus sages, paré de sa nouvelle blessure et recommandé par de plus longs services, est choisi pour commander dans la place.

Le Roy entre l'après-dinée à Dole et va rendre grâces à Dieu dans l'église de Notre-Dame. Il y est reçu et harangué par le Parlement en robes rouges, et preste entre ses mains le serment de Comte Palatin de Bourgogne.

On ne pouvoit voir en entrant ces hauts, ces forts bastions, tous entiers, masses qui sembloient faites pour l'Eternité et dont la ruyne estoit si prochaine (1), sans avoir l'esprit rempli de la puissance, de la conduite et de la fortune du Roy qui les faisoient comme tomber à ses pieds. La ville, par la véritable et profonde consternation des habitans, paroissoit à l'imagination des estrangers, triste et désolée, confuse jusques

(1) L'auteur fait allusion à la mesure prise par les Français, de ruiner les remparts de la ville en différents endroits avant de la rendre.

dans ses rues, ses maisons et ses murailles. Elle sembloit se reprocher son estat présent et sa gloire d'autrefois. A peine un cri de *Vive le Roy!* dans un long espace, et celuy-là mesme foible, languissant et interrompu, plustost commandé que volontaire. On recongnoissoit à leurs discours, de quoi l'Espagne se servoit principalement, non tant pour leur faire aimer sa domination que craindre la nostre, la liberté de deux religions en France, les impositions sans autres bornes que la volonté du Prince et les besoins de l'Estat, feints ou véritables, la Gabelle des provinces voisines et l'insolence des soldats françois. Mais qui auroit pu leur faire considérer plus à loisir, et connoistre par une plus longue expérience la sévérité de la discipline rétablie par l'ordre du Roy, des pays entiers exemptez sous luy de tout ce qu'on faisoit craindre au leur, engageant cependant leur noblesse par des emplois dans nos troupes, les ecclésiastiques par des bénéfices en France, le tiers-estat par l'establissement des manufactures et du commerce, il ne faut point douter que ce peuple, françois par son origine, par ses mœurs et par son langage, ne le fût bientost devenu par le cœur.

C'estoit sans doute le dessein du Roy. Gadagne, dès le lendemain fit punir du dernier supplice, en la personne d'un seul, la faute de quelques soldats, qui, arrivant trop tard à un logement qu'on leur avoit marqué, avoient mieux aimé enfoncer les portes qu'attendre qu'on leur ouvrît. Il se parloit de faire une garde de Bourguignons pour le Roy, si ce pays luy fût demeuré.

Il trouva dans Dôle quarante pièces d'artillerie et environ cent mille escus que le Parlement luy remit, assemblez auparavant pour la neutralité ou pour les Suisses.

Le duc d'Orléans, son frère, avoit passionément désiré d'estre du voyage, et ne l'avoit pu obtenir, destiné à partir luy-mesme dans peu de jours pour le commandement des troupes en Catalogne; mais quand il apprit à Paris que le Roy estoit devant Dôle qui devoit vraisemblablement l'arrester un peu de temps, piqué comme d'un nouvel aiguillon qui ne luy permettoit plus de demeurer les bras croisés pendant une expédition si importante, quoique attaqué le jour de devant d'un débordement de bille qui avoit fait craindre pour luy, il part avec une extrême diligence, sans suite et sans équipage, accompagné du duc de Montmouth, fils naturel du Roy d'Angleterre, que la mesme ardeur animoit. Leur course fut terminée à Auxerre, car ils y rencontrèrent le duc de Grammont, qui leur apprend la prise de Dôle, dont il portoit la nouvelle à la Reyne et leur persuade de s'en retourner, le Roy, selon toutes les apparences, devant, ne rencontrant plus rien qui lui résistât dans la Comté, prendre son chemin par la Champagne et estre de retour à Saint-Germain avant qu'ils l'eussent pu joindre. Une mesme heure annonçoit aux mesmes lieux le siége de cette fameuse place, sujets de raisonnements infinis, et sa réduction, suspecte d'abord d'impossibilité ou d'imposture, partout confirmée aussitost après comme une vérité bien seure. Les yeux qui en avoient esté les témoins sembloient quelquefois en douter, et les mains qui avoient travaillé à cet ouvrage ne cessoient de s'en étonner.

FIN

Librairie BLUZET-GUINIER, *à Dole (Jura)*

EN VENTE :

LE SIÉGE DE LA VILLE DE DOLE ET SON HEUREUSE DÉLIVRANCE, par Jean Boyvin, suivi de la Letttre de L. Pétrey de Champvans, 1 vol in-8º, broché . . 4 fr.

YSEULT DE DOLE, chronique du viiiᵉ siècle, traduite par Léon Dusillet, 2 vol. in-8º, brochés . . . . 5 fr.

HISTOIRE DE L'ÉGLISE, VILLE ET DIOCÈSE DE BESANÇON, par Dunod, 2 vol. in-4º (bel exemplaire).

HISTOIRE DES SÉQUANOIS ET DE LA PROVINCE SÉQUANOISE, par Dunod, 2 vol. in-4º (bel exemplaire).

MÉMOIRES HISTORIQUES DE LA RÉPUBLIQUE SÉQUANOISE, par Gollut, éditions anciennes et modernes.

HISTOIRE DE LA FRANCHE-COMTÉ, par Rougebief, avec blasons coloriés, etc.

Dole, imp. Bluzet-Guinier.

www.ingramcontent.com/pod-product-compliance
Lightning Source LLC
LaVergne TN
LVHW020959090426
835512LV00009B/1967